기적

강정 시집

기적

달아실시선
101

달아실

보조 용언과 합성 명사의 띄어쓰기 등 본문의 맞춤법은 시인의 의도에 따른 것임.

시인의 말

불타는 흑성에서 바닷물 퍼마시기더라.

2025년 10월
강정

차례

기
적

시인의 말　　5

기적

잠결에 편지를 받았습니다　　10
잠자는 상자　　11
아침의 좋은 소식　　12
좀비 콘서트　　14
호풍虎風　　16
그것의 다른 이름은 그것　　18
무용 소녀 예립이의 천방지축 발레 노트　　20
전단傳單　　25
종루 아래 흰 그늘　　26
유년의 서커스　　30

지네는 여전히 어떠오? 지내시긴 어떠오?
— 소설가 박상륭에게   35
죽음을 살아낸 일곱 가지 기적의 사례   38
오늘 하루의 햄릿   50
감을 잃다   54
구름과 개   56
내일의 그림 그림자   58
오랄 제기랄   60
다섯 개의 화음과 한낮의 비문   64

해설 _ '잠'의 흔적 : 최초이자 최후의 시 • 김지녀   67

기적

잠결에 편지를 받았습니다

"미지未知는 기지既知 속에 내포되거나 가려져 있지 않은 상태로 기지의 모든 것이 허상이거나 가짜로 재현된 실재임을 통찰하는 어떤 힘의 순간적 발현이다. 깨진 달걀에서 흘러나온 점액체를 닭이라 할 수 없는 이치와 비슷하나, 결국 달걀의 형상에서 달걀도 닭도 아닌 다른 것으로 향하는 힘이다. 내가 지향하는 건 오로지 그뿐이다."

잠자는 상자

침대에 가만히 누워 눈 속에 밤을 담았다
네모난 얼굴 같은 게 둥둥 떠다닌다

잠이 드는 건 그 상자를 멀리 흘려
세계의 모든 원圓들이 네모나 세모로 변하게 하는 일

사람은 원 안에서도 바깥에서도 걸을 수 없다
부직포처럼 뜯겨 나간 얼굴이 달 표면에 떠 있다

내가 죽이지 않는 한,
나를 죽일 수 있는 건 아무것도 없다

이 말을 묘비명 삼아 상자 속에서 죽기로 했다

아침의 좋은 소식

작은 제비 두 마리 베란다 앞 전선에 내려앉아 무언가를 묻는다
고요한 노래를 땅에 뿌리내리려는 것이기도,

자신이 누구인지 창안에서 담배 피우는 사람에게 질문하는 것이기도 하다

바람이 덩어리째 소리의 문양을 툭,
창에 새겼다
유리가 암벽으로 굳어지고
눈 코 입 선만 두드러진 투명한 얼굴들의 합창

담배 연기가 공중을 배회하며 얼굴들을 지운다
작은 제비 두 마리가 전선 위를 앞다퉈 오르내리며 또 다른 얼굴을 그린다

전선 끝에 매달려 천천히 기어 내려오는 너는 누구인가
건물 아래 젊은 엄마와 작은 아이가 띄워 올리는 돌림노래의 풍선

작은 제비 두 마리가 내 집에 들어와 밥을 차려 먹을 테니
나는 가만히 서서 담배만 피울 뿐,

전선 끝에서 커다랗게 그림자 드리우며
울리는 종소리는 누구의 울음인가

창이 부풀면서 드러난 형태에 대해 나는 그것이
새들의 오랜 부리 끝에 매달려온 진짜 나라고는
내게도 고백 못 하겠다

좀비 콘서트

불빛이 꺼질 듯 말 듯한 이마 하나가 번득였다

시뻘건 심줄이 음악회에서 어긋난 화음처럼 돋아난 거리,
어슬렁어슬렁 기어 나온 그림자는 사람의 형태를 닮았으나
빛이 닳아 없어질수록 팔다리를 하나씩 떼어내며 뭉툭한 벽을 쌓아올렸다.

그 수가 점점 늘어 어둡고 커다란 울타리가 되었다
곡조 뒤틀린 음악 속을 헤집으면서 무언가 뜻이 되기 위한 말들을 퍼부어대는데,
그 어떤 말도 어둠의 둔덕을 깨뜨리지 못하고
그 어떤 일렁임도 춤이 되지 못한 채 그림자 속에서 사람들이 뛰쳐나왔다

동공이 파헤쳐진 채
다시 그림자 속으로 들어가기 위해
온몸을 흐늘거리면서,
결코 말이 되지 않는 신음으로 그림자를 뜯어먹으면서,
시체를 뜯어먹는 시체가 되어
더 큰 시체가 되어갔다

단 하나의 이마,
벗겨보면 또 다른 암흑에 불과할 이마 속 우물에 반사된 이름들, 소리들

서로를 물어뜯고
서로의 피를 뒤섞으며 단 하나의 문장으로 거대한 석탑을 세우기 위해

스스로의 참칭을 영예롭게 자행했다
해는 늘 땅속에 있었고,
그림자가 팽창할수록 땅속은 더 깊어졌고
맨살을 벗어낸 몸들의 파동이 그 위를 덮었다

불빛 하나가 더 높은 곳에서 이마를 번득였다

자신들의 시산屍山이 아직도 나무를 키울 수 있다고 믿는 자들만이
그 커다란 그림자 속에 숨어 쇳덩이를 갈고 있었다

호풍 虎風

 어느 넓적하고 큰 바위에 앉아 잠시 쉬었다. 산 그늘이 빛을 가로막은 눅눅하고 차가운 돌의 표면은 물렁물렁했다. 손을 대면 바로 손자국이 남아, 돌의 평생을 가로막을 듯했다. 조심스러워지는 건 돌의 여생을 걱정해서가 아니라 남겨진 손자국에서 갑자기 돌이 태어난 시점까지 소급돼 못 볼 걸 보게 될 것 같았기 때문이다.

 돌에서 엉덩이를 떼고 빛을 가로막은 산 그늘 안쪽으로 물러섰다. 돌은 더 단단해 보였고 둥글넓적한 형태가 오래전 보았던 어떤 집을 닮아 보였다. 바람이 투닥투닥 돌의 맨살을 두드리다 거꾸로 휘어 잔가지처럼 눈을 찔렀다. 잠깐 눈을 감은 사이 눈 안쪽에서 바람의 형태가 명확해졌다. 풀숲에서 누가 튀어나와 장검을 휘두르는 기세. 목이 잘리지도 팔을 베이지도 않았으나 어딘가 몸의 일부가 돌 쪽으로 날아가 돌의 형태를 바꾸었다.

 어느 그늘에서나 일어날 수 있는 생애의 잠재태라고나 할까. 바람이 몸의 일부를 돌에 덧댄 것이거나 돌 속의 과거가 바람 타고 날아와 시간의 척추를 후려친 것일까. 어째 주먹으로 돌을 내려쳐 깨뜨릴 수 있을 것만 같았다. 돌의 역사가 바람의 입술에서 흘러 생의 전면을 후면으로 뒤바꾼 채 산 전체의 그늘을 봄날의 이불처럼 허공에 널어 말릴 수도 있으려나.

　돌 앞에 다가갔다. 빛 한 줄기가 그늘을 찢고 돌의 한가운데 박혔다. 돌의 중심이 수혈받은 자의 피부처럼 표면에서 울었다. 펄럭거리는 산 그늘 희미한 자락 끝에서 까마귀 떼가 솟아올랐다. 소나무와 참나무가 뒤엉켜 흘레하는 개들처럼 신음을 질렀다. 돌 속에서 녹슨 장검이 새순처럼 올랐다. 그걸 뽑아 들어 나무들을 갈랐다. 돌의 한가운데에서 한 여인이 울고 있었다. 한쪽 눈알이 없었다. 여인에게 칼을 건네고 산을 내려왔다. 그날 큰 산불이 나고 몇 명이나 죽었는지 그 수를 이루 헤아릴 수 없었다.

그것의 다른 이름은 그것

딱딱한 껍질에 둘러싸여 있던 그것의 속살을 맛봤을 때
나는 더 이상 아무런 음식도 먹지 못할 거라고 생각했다
어느 바닷가 돌진하는 파도 앞에서였다
썰물이 그려놓은 모래밭 그림 속에서 주워 든 그것
수취불명의 연서는 사람이 도저히 닿을 수 없는 땅 깊은 곳 지구의 주름살을 닮았었다
손가락 마디 하나 만했지만
그걸 쥔 손가락이 그것보다 작았고
수평선은 끝없지만
바다 너머의 종탑 같은 게 귓전에서 춤추며 흔들리는 소릴 들었다
이것은 어디까지 밀려가는 수레인가
바다 너머 도시에선 이미 별들의 후예가 새로운 성을 짓고 있는 건가
손가락 마디 하나 만한 그걸 들고 방에 들어와 책을 펼쳤다
더 이상 아무런 말도 의미도 새길 수 없는 검은 흔적들이 잿더미처럼 풀쑥 꺼져 내렸다
손으로 얼굴을 부볐다

눈 코 입이 지워졌을 거라 여겼으나

다만 위치와 개수가 달라져 있었을 뿐, 그게 진짜 내 얼굴임을 알아차린 건

잿더미 속에 눌어붙은 형상들이 거울처럼 부풀었기 때문,

나는 달팽이 뿔처럼 솟은 그것의 보루에 입 맞췄다

노크 소리와 함께 누가 방 밖에서 나를 불렀다

펼쳐놓은 책 속에서 푸르른 연기처럼 사지 달린 짐승들이 일어섰다

문 앞에서

나를 보고 기절한 건 나 자신이었다

나는 쓰러져 있는 그의 몸속으로 물길 되어 스몄다

그것의 이름으로 다시 그것의 다른 그것이 되기 위함이었다

무용 소녀 예립이의 천방지축 발레 노트

예립이라 불리는 여자아이와 함께 무용수의 발만 보이는 공연장에 갔었다
무용수의 다른 몸은 볼 수 없었다
모두 맨발이었다
눕거나 허리를 굽혀야만 제대로 볼 수 있었다
누워서 바라본 발들이 구름 떼처럼 이글거렸다

예립이는 갓 열일곱 돼 보였으나
말을 하면 나이를 도저히 알 수 없었다
누워서 허리를 조금 일으키면 기다란 사각 틀 안에 발들이 소삭거렸다
소삭이라니?
예립이의 눈은 '소삭'이라는 단어와 닮았으나
예립이는 그 말뜻을 알지 못했다

갑자기 모든 말의 뜻을 알지 못했다는 듯,
예립이는 고개를 갸웃거리더니 슬금슬금 기어가기 시작했다
뱀 머리의 동쪽은 요동치는 발들의 태양이었고

뱀 꼬리의 북쪽은 찬 이슬 내리는 해변의 암각으로 선을 그었다

나는 드러누워 하늘을 마셨다
예립이가 돛대처럼 펄럭이며 소리를 질렀다
바람의 이빨이 물컹물컹 내 이마를 짓씹었다

명치께와 횡경막 바로 아래 두 개의 단단한 선반이 있다.

"몸 안의 모든 불씨는 단전 아래 모아 지친 감정의 낙진들을 지펴라
 아래로는 향기로운 꽃들이 악취의 본색을 드러내 더 향기로워질 것이고
 입으로는 귀신도 감읍할 진동이 청명한 날개처럼 솟아오르니
 천 년 동안 입 다물던 장승이 우뚝우뚝 걸음마를 떼고
 그의 눈이 곧 세상 모든 책을 다 비운
 천공의 위장을 털어 굶주린 짐승들의 허기를 달랠 거다"

숨을 고르고 다시 발 앞의 땅을 건반 누르듯 하니 모든 게 허물어져
두 개의 선반만 꼿꼿이 남아
하늘을 받치고 땅을 끌어올린다

그걸 일러 사뭇 다른 사람,
남도 여도 아닌 하늘의 입술이라 이른단다

"정신의 무게는 배꼽 아래 있고 몸의 처소는 정수리를 두드릴 때마다 달라진다.
잠깐 잠들었다가 깨고 난 다음 이 세상에서 내가 지워졌다고 깨닫는 일만큼 황홀한 일이 더 있겠는가. 이것은 늙은이의 바람이 아니라 지어미가 누구인지도 모르는 아이가 젖니로 하늘을 깨물며 울어대는 것에 불과할 뿐,"

그 아이의 아버지는 어디 있는가

이 말, 아니 이렇게 말하여졌다 여기는 생각은 그 아이 것이 아니다

평생 잘못 배운 말로 평생을 견뎌야 하니 아이는 제 급부를 노리개 삼다가 혼자 운다
머리에 털도 나기 전 아래의 털도 알고
그게 모든 이의 탈이고 급소임을 알아버렸으니
아이는 지구를 손으로 굴리고 발로 걸어찬다

엄마 이게 뭐야?
애야, 함부로 만지면 안 돼! 그냥 그 안으로 들어가도록 하렴

아이는 당최 이게 무슨 말인지 알 도리가 없다

"나는 내 몸을 갈가리 찢어 다시 꿰매 두 발로 날 수 있고, 한 발로도 땅을 지탱할 만한 다른 몸을 발명했다 그러나 그 몸은 아직도 내 몸 바깥에서 나를 희롱한다 나는 쓰러지면서 다시 사는 불길이 되어 그를 삼킨다 그럼에도 아직도 그는 내 몸 바깥에서 춤춘다 갈기갈기 찢을수록 타인이 되는 내 몸. 이것이 내 궁극의 자애다"

그걸 갑자기 깨닫곤,
오금이 간지러워 예립이는 간드러지게 웃었다

전단傳單

말과 총이 부질없어졌으니
머릿속 악마에게 거죽을 씌워
더 강력한 시간의 뼈다귀로 영원을 때려 부수자
한여름일지라도 매일매일의 오늘이 가장 추운 법이므로

종루 아래 흰 그늘

*

간밤 나무의 뼈들을 추리던 번개 조각 하나가
더듬더듬 아침의 제 쉴 곳을 찾는다
햇빛은 번개의 기억에 노란 금을 내고
그 위로 종루에서 떨어진 둥근 소리 걸쇠가 구름의 행로를 예언하는 동안,
커다란 삽과 곡괭이를 짊어진 사내들이 산을 오른다
누가 죽었다는 소식이나
그 죽음의 정체도 형체도 알 수 없어
상상 가능한 모든 형태를 다 짓물러진 꽃 무더기 속이나 뱀들이 사라진 흙더미를 찾아
원본을 떠보려 한다는 것이다

*

그건 어째 간밤 번개 소리를 악기 현에 얹어 방패로 둘러치려던 누군가의 고역과 닮았다
밤새 이글거리는 천둥의 주둥이에서 별의 꼬리를 떼 내

려던 자,

번개가 쇳덩이의 음률로 인간의 집을 두드린다면

어떤 인간은 자신의 메마른 감각으로 온갖 지능을 분열케 하는 자살행위에 매 순간 헌신하는바.

하늘은 그럴 때 잠시 더 깊은 얼굴을 드러내곤 한다

굳이 뿔이 돋았다거나 꼬리가 수천 개이거나 할 필요는 없다

번개 속에서 사람의 얼굴은 온통 하얗지만

죽고 나서 돌아보는 생시의 표정엔 수천 가지 색이 섞였지 않았던가

*

해가 중천을 지나 산봉우리에 은비늘을 뿌릴 때쯤,

간밤 빗물을 털어낸 나무들이 외려 벌겋게 달아오른 울음을 오솔길 사이로 굴러 떨어뜨리니

샛길 사이에서 주춤거리는 사람들의 발걸음이 수직 지향으로 자꾸만 미끄러진다

평시와는 다른 말이 입술을 넓게 벌리며 나무가 찔러

올리는 소리 따라

  스테인드글라스 창 무늬처럼 잘게 나뉜 음절들을 난분분한 꽃잎처럼 빛 아래 튀겨대는바,

  찾으려던 죽음의 정체가 혹여 자신들의 숨결 속에서 매초마다 모양을 바꾸며 한순간의 비말로 명멸하는 건 아닌지 아무도 알지 못한다

  *

  삼각의 산 모양 안에 점점 갇혀가는 시간의 꼭대기가 울컥울컥 원으로 펴지며

  어떤 여인의 울음소리가 커다란 밤을 순식간에 몰고 왔다

  한기와 무명의 연속이라 밤이라 일렀을 뿐,

  그 밤의 속살도 껍질도 온통 하얗기만 해

  남자들은 내처 아이처럼 발악하며 흙을 퍼먹거니 꽃잎을 따 얼굴에 분칠을 하며

  갑자기 잃어버린 자신의 얼굴이 바로 죽음의 정체였던가 싶어

  서로를 물어뜯기 시작했다

*

  한창 여름의 낮이 그렇게 까무죽이 망실되는 건 가끔 겪는 일일 뿐,
  산 아래에서 죽음의 정체를 기다리던 사람들은 느닷없이 하얘진 밤의 면상이 두렵지도 의아하지도 않다
  그저 시계가 고장났거나
  부러진 처마 끝 고여있던 물때들이 점점의 포자로 다시 구름이 되는 거라 여겨
  가끔 먼 거리 교회에서 울리던 종소리가 오늘의 무사함을 고지하는 일상이 더디게 안전하다 여길 뿐,
  둥글넓적하게 가라앉아 밤의 빛깔을 바꾼 번개의 꼬투리가
  거대한 종소리로 퍼져 마을의 새로운 표식으로
  천년의 장승처럼 몸을 일으킨다는 사실은 아무도 몰랐다

유년의 서커스

1

벽 속엔 밝고 기나긴 길이 나 있었다
흐릿하게 펼쳐 있다는 상상만 어둠을 꿰뚫을 뿐 길은 보이지 않았다

새끼손가락 굵기만 한 벽장 문틈 사이로 새어든 빛기둥
나비의 꿈이 아른거리는 것이었나

나비는 보이지 않고,
나비인 듯 보이는 분홍 날개만 아슬아슬 춤추고,
이마에선 열이 올라 잇새로 새는 신음의 깊은 원심만 틈 바깥으로 새어나갔다

몸은 갇혀 있으나
몸 밖으로 풀려나간 넋들이
앞으로 그리게 될 미래의 신기루 같아 무서웠다
그 공포가 다시 틈새로 들어와 시뻘건 입술을 이마에 부벼댔다

"네 머리를 핥아 먹어 네가 평생 입고 다닐 옷이 될 거야!"

"피에로는 나를 보여 웃지!
 피에로를 보며 우는 나는 피에로를 잡아먹는 더 무서운 피에로가 될 거야!"

머리통이 굴러떨어져 엄마도 아빠도 외출해버린 빈방에서 혼자 춤을 추었다

몸은 오래도록 몸속에 갇힌 채
머리만 떼어져 둥글둥글 곡예를 펼치며 쏟아내는 말들

아무도 알아듣는 사람이 없었다
둥글둥글이 사박사박 가라앉아 온몸에 신열이 돋고
아픈 만큼 키가 자라고
키가 큰 만큼 더 알 수 없는 소리들이 어떤 집의 유리창을 깨뜨리고

깨진 유리들이 다시 피부에 박혀 철철 흘러내리는 핏줄기가 다시 말의 홍수가 되고

"피에로는 나를 보며 울지!
더 큰 울음이 내 몸을 삼켜 저 높은 허공 전깃줄에서 조잘대는 참새 무리조차 나를 무시할 거야!"

벽장 밖으로 나온 후에도 티브이 쇼만 보면 눈물이 나더라

2

독수리나 까마귀 떼가 지날 때마다 지금도 울리는 천공의 북소리
아침마다 까마귀 울음을 따라 하며 다시 두리번거리는 어둡고 기나긴 길

갇혀 있던 벽장 문이 노란색이었는지 갈색이었는지 기

억 안 난다
  나를 가둔 게 엄마였는지 아빠였는지
  다시 굴러떨어진 빈방이 내 집이었는지 하늘 어디 구멍 난 구름의 틈새였는지도 뚜렷지 않다

  "너를 보면 사람들은 네가 보란 듯 웃지!
  너를 보고 웃지 않는 사람들이 너를 죽이려 들지!"

  길가에서 새를 파는 노인이 어릴 적 만났던 망실공비 아저씨 같아 보여 알은체할까 말까, 그냥 지나쳤다
  아직도 울고 있는 새가 먼 산 등고선에서도 어른거리고
  방금 지나간 자동차 배기구 속에서도 튀어나오고
  마주친 행인들이 얼굴이
  젊은이는 노인으로
  늙은이는 청년으로 낙뢰처럼 둔갑했다

  쇼윈도 마네킹들이 걸치고 있던 옷을 벗어 던지며 뚜벅뚜벅 걸어 나왔다
  그 자리에 가만히 서 있었다

소리 내 울어버리면 세상 모든 풍경이 종잇장에 그린 그림처럼 구겨지는 것이었구나
 드디어 나는 모두를 웃길 수 있을 거니

 오래전 죽은 연인에게 동영상을 찍어 깔깔거리게 할 수 있겠구나

 새를 가둔 새장은 새의 몸속에 갇힌 세상의 벽장이라는 걸 이제 알겠구나

 이제, 벽에 커다란 문을 그리고 그 안으로 들어가 내 장례식을 구경하며 웃을 준비만 남았다

 티브이 안 속에 있다가 화면 바깥으로 어슬렁거리던 나를 기어이 하늘에 띄워 새들의 먹이 삼을 수 있겠구나

지네는 여전히 어떠오? 지내시긴 어떠오?
— 소설가 박상륭에게

발가락이 간지러워 머리를 긁고, 머리가 아파 배를 만지게 되는 건 누가 시킨 일 아니다 내가 태어나기 전에 누가 그랬나보다 그 사람도 그 사람이 태어나기 전 누구, 사람한테 배웠던 걸 거다

지네 한 마리가 방바닥을 긁고 있기에 가만히 봤다 저 다리는 과연 몇 개인가 세어보다 문득 지네가 나를 잡아먹을 것 같아 부러 장화를 신고 지네를 밟아 죽였다 다리를 세어보자 했으나 짐짓 내 생각이 창피했다 지네를 죽인 것보다 무슨 카프카 같은 장화를 신은 게 더 창피해 한 칸 상형문 액자 속처럼 난자되어 뻗어있는 지네에게 속삭였다

죽어보니 어떠우? 그 많은 다리를 어찌 쓸지 인자 알겄쑤?

다시 등 돌려보니, 내 등이라는 게 누구의 창문 같아 쉬이 열지도 닫지도 못할 것 같으나 마음뿐이었다 마음이 뭔가 싶어 다시 등 돌리니 어느 사람 새끼 하나,

내 마음은 죽음밖에 모르니 열지 마시오, 한다,

허참, 살아도 모르고 죽어도 모르나 죽으면 잠깐 알 것 같다는 뜻인가,

방안에 갇힌 우주를 헤아리려고 드러누웠다 천장 사방 무늬 없는 집으로 이사했다는 걸 깜빡했다 산 자는 다리가 두 개이나 그것조차 제대로 못 쓴다는 게 사뭇 통렬했다 지네는 도대체 몇 마디의 생애를 줄줄이 매달고 이승 저승 넘나드는가

발가락이 간지러워 머리를 긁었더니 허리에서 뱀이 나온다 허리 잘못이 아니라 여겨 다시 불알을 쥐었더니 그곳은 다만 불 켤 때만 쓰는 호롱이니 함부로 쓰지 말란다 이 말은 당최 누구 말이고 누구의 책략인가 싶어 다시 죽은 자에게 답을 찾는다

삶을 어따 쓰랴, 죽으면 쓸 수 있으랴
쓰면 뭐하랴, 쓰지 않아 살아있으면 뭣하랴

인생 얘기우?

지네같이 웃자는 얘길세

그대는 아직 쓰고 죽고, 그래서 또 제대로 망하고 계시오? 염라대왕 낯빛은 어떻소? 지네보다 잘 생겼소? 지네보다 잘 죽였소? 그런데 뱀은 어디로 갔소? 왜 내 얼굴이 돌돌 감겨 천장에 둥둥 떠다니는 것이오?

이것이 독룡인가, 물어도 대답 없다

다만 독룡의 혀를 내 혀 삼아 또다시 진창을 구를 뿐, 죽은 자가 산 자의 서랍을 뒤적이는 일은 축복인가 환몽인가 영락인가

죽음을 살아낸 일곱 가지 기적의 사례

1. 인류새

 저 새는 지난밤 커다란 고양이의 먹이가 될 뻔했을 거다. 용케 살아남아 있는 것들 아니면 내지 못할 소리는 하늘의 궁륭보다 더 높은 곳까지 올랐다가 땅 깊은 곳의 수액까지 닿아 불이 되어 번지는 법. 아침 햇살이 갑자기 뜨거운 까닭을 제대로 소리 내지 못하는 사람은 알지 못한다. 사실 저 새는 자신이 애초에 새까만 깃털에 둘러싸여 태어난 연유 또한 알지 못한다. 그러니 용케 살아남았음의 환희나 죽음이 임박했다는 공포와 체념 또한 알지 못한다. 그저 울기 위해 태어났으나 그 울음의 진폭과 파장이 어떻게 죽음을 돌파하고 하늘을 꿰뚫어 땅의 비밀까지 목울대에 새겨넣었는지도 깨닫지 못한다. 다만, 아침부터 붙들어 맨 하늘의 장막이 보이지 않는 빛이 되어 사람의 오랜 고통과 슬픔을 밝히며 누군가 갑자기 아이에서 어른으로 자라 태양 뒤의 시간을 굶주린 고양이처럼 멀뚱히 바라보게 할 뿐이다. 둔갑遁甲은 항시적이다. 적어도 태양의 뒤편에선 공룡이 아직 살아있을 것이고, 땅에선 이구아나나 도마뱀 따위가 흙을 긁으며 태양이 감춘 시간의 흔적을 배로 새길 것. 새가 크게 운다. 사람 하나가 그 소릴 가만 듣다가 스스로 새가 되어 땅 아래 짐승들의 자취를 소리 내 울어 쫓히는 일. 사람의 집 창문 하나하나가 망각의 더께처럼 일렁인다. 밤에는 다시 커다란 고양이가 어둠이 본래 자기 집인 양, 아무 데도 들지 못해 눈을 밝힐 테다.

2. 흰빛 소조塑造

흰빛 속에서 잠이 든 건지, 잠 속에서 흰빛이 튀어나온 건지 알 수 없다. 그쪽이 분명 안이라면 바깥도 존재할 것이나, 바깥으로 나가 비워질 안이 없을 것이고, 안을 가릴 바깥도 텅 빌 것이니, 원체 잠도 꿈도 안팎 없는 떠다니는 무덤 아닐까. 그러나 사실 떠다니는 건 며칠 전 죽은 친구 얼굴이고, 이제 살아있는 얼굴이 아니니 그저 공기가 실어 나르는 먼지 조각의 숨겨진 형상일 뿐, 친구는 말이 없고, 선명히 그리려 하면 다시 눈을 쑤시는 흰빛만 따갑다. 내가 어느 날 말한 적 있지, 느닷 어디선가 들리는 목소리가 흰빛을 가린다. 분명히 내가 그 빛 속에서 한동안 드러누워 누군가의 모델이 되어 형상을 뜯긴 적 있다는 기억이다. 흙이나 다른 물질로 다른 피부를 가공하는 것인데, 실제로 내 살은 뜯긴 게 없고, 내 꼴을 본떠 떠낸 형태가 내가 살아온 생애보다 더 오래되어 보이니, 나는 기어이 나를 낳은 엄마조차 이월하여 세상의 본래 모습으로 돌아갔던 건지 모른다. 그러니 어찌 이생이 먼지보다 가볍고 그 어떤 벼락보다도 명백하지 않겠나. 흰빛이 자꾸 눈을 쪼는 건 스스로 폭발해 검은빛이 되겠다는 본래적 생리에 가까울 것, 어느 잠 못 드는 사람이 막연히 누군가 그립다면 그이의 맑은 창 앞에 검은 미소를 띠고 커튼처럼 서 있을 수도 있을 듯한 밤. 뚜벅뚜벅 일어선 먼지들이 누군가의 집을 향한다. 나를 보고 긴 잠에서 깨어난 이의 공포 또는 환희 속에 그이의 아이를 낳으리. 이 역시 나 아닌 누군가였던 시절, 그 누군가였던 내가 속삭인 말이라 더 놀란 건 나였다.

3. 눈의 영화

눈을 감고 눈 안쪽의 커다란 구멍을 보았다. 오래전 누가 살다 간 동굴 같구나. 불을 피운 흔적과 뜯어먹은 짐승들의 해골 속에 집을 짓는 거미들, 오래 눈 감고 있을수록 눈 안쪽이 더 밝아졌다. 다시 눈을 뜨면 세상은 아마 눈 속보다 더 검은 어둠일 것이나, 여태 듣지 못한 거미의 노래와 부르짖지 못한 누군가의 이름이 커다란 산줄기 능선마다 매화처럼 빛나고 천둥처럼 흘러내릴 터. 문득 꼿꼿이 선 나무 작대기 하나에 동그란 물체가 보였다. 감은 눈 바깥에서 부라리고 있을 내 살아있는 눈인가, 닫혀버린 꺼풀 안쪽에서 침묵으로 응결된 빛의 누깔인가. 아무려나 좋았다. 아무려나 무언가의 죽음이고 누군가의 생명이겠거니. 한낮에 태양 아래 곤두서서 빛의 장막을 벗기는 일이라면 삶도 죽음도 다 잊고서 그저 나무가 되려는 작란 말고 아무 뜻 없다. 작대기는 누구를 두드려 패 죽이거나 어느 해골의 깊은 어둠 속을 휘젓는 창과 같으니 그 끝에 대롱거리는 물체는 죽음에 바치는 보석이기도, 삶의 배면을 추궁하는 박쥐의 이빨이기도 할 것. 깊은 눈 안쪽 흐릿해진 영사막이 눈 바깥으로 뚫고 나올 기세에 온몸이 부르르 떨렸다. 가만히 눈 감고 있다는 게 이토록 온몸을 거꾸로 매다는 노역과도 같으니 다시 눈 뜬 나를 그 누가 나라 일컫거나 너라 명명할 텐가. 눈 안쪽이 더 깊어질수록 눈알이 더 부풀어 온몸에 털이 돋는 기분이다. 눈 감고 서 있는 건 기도이기도 형벌이기도 한 것인가. 척추가 흐너지며 나는 어느새 네발로 걷는다. 식도 아래 커다란 구렁에서 핏물이 들끓는다. 더 큰 소리로 세계의 적막을 기워 가능한 시선 바깥에서 세상의 눈 안쪽으로 터져나갈 일만 남았구나.

4. 문장의 비음琵音

  종이 속으로 흐르는 물소리가 먼저인지 어떤 문장 속에 쓰인 물소리에 대한 애착이 먼저인지는 분명하지 않다. 사람의 눈이 물속을 명정하게 보는 게 어디 가능키나 한가. 그러나 분명 들었다. 책 속엔 사막보다 더 메마른 글의 씨알들이 지층을 더 낮게 가라앉히고, 보이지 않는 지하의 열매들과, 그 열매들의 눈알을 줄기줄기 엮으며 커다란 지진을 예고할 때, 그 나선을 따라 병든 몸의 어디가 더 엄혹한지 탐색하는 일은 자신의 몸을 더 큰 몸의 감옥

속으로 몰아붙이는 일, 이게 다 결국엔 종이 속으로 흐르는 물소리의 수맥을 찾는 일이 될 터이나, 그 수원水原은 종내 죽음의 강 건너에서 이편을 바라보는 유령들이 수백 년 걸쳐 왕복해온 수난의 반복일 뿐 아니겠는가. 책들은 그래서 깊이 들어갈수록 아무것도 말하지 않고, 사람의 뇌수엔 더 분명하게 읽힐수록 색색의 개구리 떼와 뱀 따위만 엉켜 춤추는 모습일 뿐, 산 자의 입술에서 터져 나오는 말의 근본은 그토록 죽은 자에게 된서리 맞은 낭인의 웅얼거림에 불과하다. 그럼에도 종이는 얼마나 가볍게 그 모든 파행의 넋과 하소연들을 실어 나르는가. 그러는 동시에 얼마나 무겁고 날카롭게 세상의 뜯긴 낱장으로 사람의 등덜미를 후려치는가. 책에서 눈을 떼 잠깐 고개를 드는 순간이 누구에게나 있다. 어느 깊숙한 아래를 오래 내려다보다 다시 들어올린 얼굴, 차마 책장 앞엔 거울을 두지 말라. 공룡인지 이무기인지 모를 어느 낯설고도 눈물겨운 형상이 제 입으로 제 몸을 물어뜯으며 용트림하는 걸 보게 될지도 모르니. 그럼에도 물소리의 끝에서 필시 만나게 될 기나긴 종種의 궤멸과, 끝내 다른 형태로 변화한 자신의 몸을 새로운 먹이 삼을 자라면 그 거울을 찢고 들어가려 할 수도 있는즉, 물소리를 털어낸 종이가 부르르 떨며 어떤 시조의 날개처럼 온유해질지도 모른다. 만물에 대한 사랑은 그때 시작된다.

5. '독사의 노래'

'독사'라는 단어를 떠올린다, 뱀을 생각하지는 않았다. 새벽에 마셨던 커피가 위장 어느 구석에 뿌리를 내려 시커먼 나무라도 자라게 하는 건지도 모른다. 이것은 물론 허튼 생각이다. 속이 아리다고 해서 뱀을 삼키거나 흙을 퍼먹는 짓을 하는 사람은 없다. 그런데 사람이란 많은 쓸데없는 걸 생각하는 병증이 만연한지라 지네나 전갈을 씹어먹는 짓도 누군가는 할 수 있다. '독사'는 아마 그 비슷한 연상의 발로일 거다. 며칠 전 누군가와 지네에 대한 얘길 나눈 탓일 수도 있다. 그런데 왜 지네가 아니고 '독사'인지 아무도 설명할 수 없다. '독사'는 하나의 발음에 불과할 뿐이지만, 듣는 입장에선 그닥 유쾌하지 않은 느낌을 줄 거라는 것도 오래된 편견이다. '독사'는 사람을 해치는 생물인가, 아마 그럴 것이다. '독사'는 길고 미끈한 몸과 날카로운 바늘 같은 이빨을 가졌는가. 아마 그럴 것이나, 그게 '독사'의 전부는 아닐 것이다. '독사'를 혀에 감고 노래를 부르면 어떤 소리가 날까. '독사'는 하나의 소리일 뿐이지만, '독사'를 혀에 감는다는 건 '독사'를 '독사' 아닌 다른 것으로 변형시키는 자연의 수작으로 여겨질지도 모른다. 그러고 보니 '독사'가 매우 궁금해진다. '독사'가 노래 부르는 것과 '독사'를 혀에 감고 노래 부르는 데엔 몇 가지 차이가 존재할 수 있는지 따져보는 것도 누군가에겐 필생의 목적이 될지 모른다. 생각하기 이전에 목에서 '독사'가 튀어나온 건 누가 사진이라도 찍어놓은 것처럼 분명하다. 하지만 이 분명함을 누구에게도 증명할 수 없다. 나는 노래를 부르려고 했거나, 약을 먹으려 어지러운 서랍을 뒤졌거나, 화장실 문고리를 잡다가 '독사'를 떠올렸을 텐데, 이제 그 사실도 분명하지 않다. 그저 목구멍에서 '독사'가 튀어나오는 걸 누가 봤다면 그에게 내가 어떤 모습으로 보여졌을지 궁금해질 따름이다. '독사'는 왜 하필 아무런 근거도 필연도 없이 내게 '독사의 노래'라는 글을 쓰게 만들었을까. 집 뒤 자그마한 산속 어디 '독사'가 숨어있을지 모른다. '독사'는 호랑이처럼 클 수도, 매미처럼 작을 수도 있다. 산새들은 '독사'의 이빨에서 천연의 노래를 학습 받아 사람의 꼴로 하늘의 비탈을 활강하는 유령들의 비밀을 토로하고, '독사'는 점점 작은 소리로 잦아들며 내 방엔 보이지 않는 허물만 남긴 채 진짜 '독사'가 되기 위해 시간을 줄줄이 꿰고는 동그란 무덤 속에 알을 슬고 있을지 모른다. 문득 '독사'의 형태가 명료해지는 것 같다. 그러나 그걸 말로 묘사하거나 그림으로 그리는 건 불가능한 일. 천둥이 친다. '독사'가 그 소릴 무슨 파형으로 감득할지에 대한 추측 말고 더 이상의 상상은 불가능하다. '독사'가 운다. 그저 울 뿐이고, 그저 '독사'일 뿐, 아무것도 명명하지 않겠다.

6. 적도의 붓질

   기억들은 뼈마디 속에 우물을 파곤 슬금슬금 피의 색을 바꾼다. 오늘 아침, 코피라도 터진다면 내 피는 청록색일까 보라색일까. 그러나 거울을 들여다보면 그저 검거나 회

색일 터, 다른 색을 꿈꾸면 관절들이 삐걱대며 다리가 거꾸로 들려 하늘을 걷거나 팔꿈치에서 나뭇가지들이 솟아나겠지. 입안에서 새들이 쏟아져 나와 가지에 둥지를 틀고 거울을 그대로 떠낸 그림 한 폭이 눈알을 짓누르겠지. 오늘의 기분, 오늘의 날씨, 오늘의 슬픔이 거기 오늘과는 다른 이야기들을 풀어내고 그게 다시 흐릿한 오늘의 태양으로 머리 위에서 빗질을 할 터이니 나는 평소와는 다른 각도로 움직이는 팔다리를 등짐인 양 질질 끌며 기억의 파라솔 아래 갇힌다. 그늘이 내 몸의 그림자를 다시 뗀다. 둥근 우산인 줄 알았던 태양이 결국 지상 한 켠에 천막을 친 작은 극장의 궁륭이었구나. 온몸이 아픈 까닭이 내 몸에 거미알처럼 스민 빛들의 씨알 탓이었구나. 들숨의 체념, 날숨의 방임들이 허공으로 올라 몸속 그림자를 하늘의 입으로 띄운다. 지난 사랑을 곱씹다가 다시 놓고 놓았다가 다시 삼키려 했던 입술의 진동이 오늘의 음악으로 태양을 두드리고 손끝만 스친 채 서로의 한숨으로만 나지막이 다독이다 바다를 가로질러버린 정념이 무릎을 꺾고 등을 구부린다. 나는 태평양에서 밀려온 파도의 한 자락이거나, 태양의 나지막한 밑동에서 새끼 새처럼 빛의 알갱이를 쪼아먹는 산호로 떠돌며 물 위를 가로지를 것. 거울을 바라보던 내가 거울 뒤편에서 오늘의 그림자에 색칠을 한다. 기억하던 얼굴들이 활엽수가 되어 오늘 창밖 풍경을 바꾼다. 나는 허리춤 아래에서 죽어가던 뿌리 하나를 꺼내 바람의 옷을 꺼내입은 너를 향해 장거리 통화를 한다.

7. 무명 복서

누굴 죽이기 위해 활을 쏘지도 칼을 휘두르지도 않는 무사처럼, 아무것도 파괴하지 않기 위해 움직이는 벌레를 살피고, 어디에도 닿지 않으려 발을 놀리며 거울 속 빛을 비추려고 주먹을 뻗는다. 차라리 거울 뒤편 어둠의 속도를 따라 더 깊은 몸속으로 글러브를 풀어놓으라. 막기 위해 피하는 것도, 상처받지 않기 위해 고개를 숙이는 것도 아니다. 말 없는 동작으로 진심을 드러내는 것. 공기를 불태우는 음악이 돼라. 누가 죽어 벗어 말린 빨래 따위를 혹시 두드리고 있는 건 아닌가 싶을 만큼 눈에는 허공만을 채우라. 주먹을 휘두를수록 상대는 안 보이고, 그 어두운 진공 속에서나 몸의 방향이 확실해지니, 이 천형의 굴레 같은 노동이 잠깐 황홀해질 때가 바로 이 순간이다. 처음엔 어떤 분노, 어떤 슬픔이 있었다. 가만있어도 온몸이 아프고, 그래서 몸을 세게 굴릴수록 몸을 내어놓은 고통이 여기까지 나를 끌고 왔으나, 여전히 타점은 희미하고 상대는 주먹을 휘두를수록 허방이다. 온몸이 물이 되어 무너져 내릴 것 같은 순간에 이르러서야 비로소 눈 떠 나를 보는 이가 있다. 모든 걸 쓰러뜨리고 종국의 종소리를 듣기 위해 기도하는 병든 사제이거나, 바로 어제까지만 해도 내일이었던 오늘을 유일무이한 하루로 건축하려고 시멘트를 등짐 지고 아슬아슬 사다리를 타던 자일 수도 있다. 원점原點이 어디든, 허방의 심부가 어디든 주먹은 오로지 스스로 얼굴이 되기 위해 둥글고 깊은 궤적 안에 내 사지를 끌어모은다. 때리는 것과 맞는 것은 고른 박자의 질서이고, 일어서고 쓰러지는 건 그 속의 웅혼한 자연이니, 나는 지금 홀로 사각 틀 속에서 더 큰 원이 되려고 싸운다. 이걸 싸움이라 일컫는 사람들의 오도誤導를 부드러운 글러브로 받아쳐 각자의 얼굴로 피차 진정한 겨룸의 거울이 그들의 생각을 깨뜨리도록.

오늘 하루의 햄릿

어디에도 아무도 있으나 없으니
바다라 불린다
누구는 꿈이라고도 한다

바다는 늘 꿈틀대나 멎어있다

구걸하는 거지가 지나가고 오래전 폐왕廢王이 왕관을 바꿔 쓴다

거지는 파도 끝 금빛을 따 물고 서선 소리 없이 사라진다

그 동선을 왕도 모르게 왕에게 바쳤다

파도 흰 줄 마디마다 핏빛이 태양에게만 속삭인다

왕은 받지도 내치지도 못한 채 이해 못한다

동사動詞이기도 명사名詞이기도 한,

바다 한가운데 노란 공원이 열린다

왕도 거지도 배를 곯지 않으려면 공원의 짐승들에게 무슨 말이든 해야 한다

동사이기도 명사이기도 한 말의 껍질이 허공을 메운다

모든 목소리가 파도의 끝물 따라 다시 떠오르는 해의 첫 마디가 된다

왕도 거지도 분별없이 노란 볕 아래 자신의 혀를 태운다

아이가 보고 싶고, 엄마가 그립다

아버지는 오늘도 유령의 탈을 쓰고 내일을 살라 한다

엄마를 죽이고 그 몸에서 내 아이를 꺼내고 싶다

아버지를 되살려 아이의 머릿속에 엄마의 눈을 욱여넣고 싶다

어떤 전설은 바다를 건너가다가 스스로 비밀을 털기도 하는 법

태양은 아무 관심 없이 지상의 재 되어 까무룩 자신이 자신 아니었음을 턴다

넌 뭘 털래?

왕이 거지에게 묻는다

널 털었더니 나고, 날 터니까 내일 아침이 와

왕은 입을 닫는다
거지는 바닷속으로 뛰어든다

아무도 그 뜻을 이해 못한다

물고기들이 세로로 선 석 삼三자 형태로 코앞 수평선을 아가미에 꿰곤
물기둥처럼 직립한다

바다를 속옷 삼아 춤추던 옛 애인 생각이 났다

사라진 자는 다 아가미로만 스스로 뇌를 긁어 숨 쉬는 거다

감을 잃다

감나무 아랫길이 사뭇 싸늘하다

하늘에 걸친 열매들이 독이라도 품었나

건들면 파상풍이라도 걸릴 것 같아 가만 올려보다가
  그래도 손끝이라도 대봐야 서로 살아있다는 걸 느낄 것 아닌가 싶어 망설이다가

돌아서서 생각만 한다

(시는 그렇게 쓰는 게 아니다
삶도 그렇게 사는 게 아니다)

두 귀가 이마께서 맞붙어 서로 드잡이하는 소리

  죽지도 못하고 계속 울기만 해야 하니 그게 아직도 떫은 거냐
  만지고 나서 더 떫어질 맛이 고욤이라는 걸 아는 게 그리도 사랑스러운 거냐

하필 해를 가린 채 번득이고 있으니
내가 다가갈 게 너라고 생각하면
이승은 아직도 멀다

따먹고 나면 고작 헛꿈이라는 걸 미리 알기에
이승은 아직도 덜 여문 젖니와 같다

떨어져라, 속살 부풀자마자 늙어버린 감아,
더 멀어져 다시 작은 점이 되어라

떠올리면 텁텁한 누구의 얼굴 같아
 햇살마저 우둘투둘한 가지 끝 미물의 미몽으로 비틀거린다

구름과 개

사람의 넋이라는 게 어디 있나

사람의 이름이라는 건 도대체 무슨 의미인가

사람은 왜 사람인가

사람은 왜 다른 사람의 이름을 그다지 부르는가

사람은 무슨 말을 해도 사람의 허물일 뿐,

구름은 왜 구르지도 않으며 구름이라 불리나

구름은 어째서 잘못 그린 말풍선에서 한치 어긋남 없는가

누굴 불러야 구름이 사람 되나

무엇이 정말 사람이어서 구름을 부풀리나

아랫집 개가 크게 운다

맷힘 없이 우렁차다

졌다

내일의 그림 그림자

사후의 쓰레기를 일구어 빛의 계단을
빛의 뒤편으로 뻗어나가게 하는 화가를 만났다

그림을 그리다가
그림 속으로 들어가 그림 바깥에서 허물을 벗는 그림자

줄줄 딸려오는 기억의 내장들이

파랑은 노랑으로
보라는 암록으로

얼굴은 새들의 비행 곡선으로
가슴은 바다의 이마로 뻗고
사지는 강 이편과 저편을 잇는 교량이 되어

저마다 스스로를 벗겨내며
 황금이 한낱 태양에서 쪼개진 빛의 알갱이라는 사실을
알리려 애쓰나보다

화가는 그림 뒤편으로 걸어나와
긁어모은 쓰레기들 빈자리에 드러눕는다

그의 몸에 내 몸을 얹었다
팔을 걷어붙인 그림이 후생의 그림자 되어
오늘의 창가에 뚜벅뚜벅,

역상으로 걸어나온다

오랄 제기랄

긴 문장이 흘러나와 뭔가를 '너'라 이를 때
할 수 있는 일이라곤 조용히 손을 놓고
눈 비비는 것뿐,

믿을 수 없는 말들이
내가 아닌 내가 되어 '너'를 이르니
내가 너에게 건넬 것이라곤 천여 장 백지로도 분이 모자라 잔인할 따름이다

이것은 연민이거나 사랑이거나. 혹은 분노이거나,

그 어떤 사람이 다른 사람에게 못 박는 심정으로 말부림하는 것일 테니
오늘도 어제도 다 말의 그늘이고
애정도 비애도 모두 내가 나를 몰라 저지르는 수작일 뿐,

바깥은 늘 파랗다
밤낮 없이 매 맞는 누구의 심통맞은 얼굴 같다

창을 열고 담배를 피우는 건 세상 도덕에 줄 서기 위해서 아니라
내 몸이 내 안에 있다는 걸 부인하거나
혹여 '너'라 불릴 무엇이 바깥을 서성이는지 둘러보려 하는 허랑한 심사가 스스로 민망한 탓일 테지

연기煙氣는 연기演技와도 같다
탈 속을 들킨 자기 얼굴이 꽁무니 빼는 희극을 한 편 쓰려고 어떤 이들은 속내를 발효한다
우스운 일이고 짓궂고 너덜한 짓이다
그래, 새도 달도 구름도 덩달아 꾸며만 준다면 괴로울 것도 새삼 홍날 것도 없이 혼자 괴롭고 흥겨울 일일 터,

다 잊으려고 뭔가를 쓴다
쓰는 만큼 글자 하나 하나 기둥이 되고
문장 하나 하나가 집이 되어 누워 쉴 곳이 너무 많아 젠장이다

아무 데서도 잠들고 싶지 않아 또 창을 열고 문을 연다

열고 닫을 때마다 열고 닫는 두 배 힘으로 닫힐 뿐이라는 걸 알면서도 멈출 수 없다
멈출 수 없기에 계속 동여매고,
동여매지지 않기에 연신 바깥의 모가지를 내 모가지 삼아 허튼 그림이나 그리지

알고 있을 거다
누구든 알고 있을 거다
다 알고 있기에 내가 나를 모르고
다 들여다봤기에 아무것도 보이지 않을 거다

사람들은 그런 걸 사회라거나 갈등이라거나 혹은 희망이라 부른다

희망이란 놈부터 불러 앉혀 물어본즉슨,

밤새 어느 집에 도둑이 들었다기에 잠깐 문밖 내다봤더니 그 도둑이 나인 것만 같아 당최 쫓아 나갈 수 없었더라는 말도 누구는 하더라

긴 하루 끝을 동여맨 사람의 사연이란 게 이렇듯 몽롱하니
내일은 또 누군가 이름 지은 무엇이 또 무슨 낯빛으로 햇빛을 변화시킬지 알 수 없을 일

매양 이렇게 쓰이고 읽히는 말들이 그러해
태양이 지우개인지 달빛이 허연 붓인지
땅끝이 세상의 시작인지
오늘 밥상머리 다 쉰 김치 쪼가리가 죽음의 입맛인지

알아도 모르고 몰라도 다 알 듯하다

일단, 달 표면부터 떠냈다 치자

태양의 입술을 다시 핥아 누구의 혀에 넣어 빻아줄까 빨아줄까

다섯 개의 화음과 한낮의 비문

> 너는 피투성이라도 살아있으라
> 다시 이르기를 너는 피투성이라도 살아있으라
> ― <에스겔. 16: 4-6>

*

음악 속을 느릿느릿 걸어가는 두 발의 한낮

불 속에서 우려내는 영혼의 기름기

발이 둥둥 떠 땅끝에서 딸려오는 바다

억장이 무너질 때
무너지는 그대로 중심이 되는 하복부

불의 요의尿義를 뱃속으로 당겨 정수리에 용암이 고인다

*

나무들은 조용히 흔들리고

뿌리는 이미 왼갖 벌레들의 나지막한 난간

몸 바깥으로 기어나온 모공 속에서 돋아나는 꽃들

푸르고 평탄한 잔디밭에 누워 올려다본 하늘이 수직으로 깃을 쳐

새들의 부리를 배꼽에 꽂아 넣는다

나는 대지를 다시 임신한 채 흐늘흐늘 하늘의 다리가 되었다

먼 종소리의 원환圓環이 발목을 휘감아 어루만지는 소리가

내 비명碑銘이 되겠구나

해설

'잠'의 흔적 : 최초이자 최후의 시

김지녀
시인

1

"미지未知는 기지旣知 속에 내포되거나 가려져 있지 않은 상태로 기지의 모든 것이 허상이거나 가짜로 재현된 실재임을 통찰하는 어떤 힘의 순간적 발현이다. 깨진 달걀에서 흘러나온 점액체를 닭이라 할 수 없는 이치와 비슷하나, 결국 달걀의 형상에서 달걀도 닭도 아닌 다른 것으로 향하는 힘이다. 내가 지향하는 건 오로지 그뿐이다."
— 「잠결에 편지를 받았습니다」 전문

잠결에 받은 이 편지는 강정 시인에게 최초의 말이자 최후의 말이다. 아침을 말하면 아침이 사라진다. 탄생하

자마자 소멸한다. 강정 시인은 벽의 바깥에서 벽 속의 말을 듣고, 잠이 들었는데 잠들지 않는 밤을 돌아다닌다. "그림 속으로 들어가 그림 바깥에서 허물을 벗는 그림자"(「내일의 그림 그림자」)를 만나고 창밖의 사물과 서로 교통하고 의심하고 겹친다. 사물과 마찬가지로 자기 자신을 부정하거나 일정한 모습과 성질을 바꾸기도 한다. '나'이면서 '나'이지 않은 '나'가 강정의 이번 시집에서 순간 순간 출몰한다. 현존도 부재도 가능하다. 과거와 현재와 미래가 마구 혼재하는 상태로. 지금 우리 눈앞에 존재하지만 존재하지 않는 것들의 경계가 흐릿한 채로. 제목이 없는 한 권의 책처럼 확실성이 제거된 자리를 서성거리며 시인은 많은 말을 쏟아낸다. 아니다. 아무 말도 하지 않는다.

'미지未知'이거나 '기지既知'이거나 시인은 그저 "가만히 서서 담배만 피울 뿐"(「아침의 좋은 소식」)이다. 시집의 이 구절을 읽을 때 순간 시인의 얼굴이 떠오른다. 그가 길게 후, 내뱉는 담배 연기가 내 얼굴을 지운다. 그의 시는 이렇게 온다. 왔다가 사라진다. 비어 있는 긴 복도를 발자국 없이 다니는 존재들과 덧없는 사유들이 강정의 이번 시집에서는 형태를 바꿔가며 흘러 다니고 있다. 그러므로 강정의 시는 어떤 통로다. 어떤 의미도 잡지 못하는 성근 그물이다.

눈을 감았다 뜨는 감각에서부터 시작하자. 눈을 감아

야 시작되는 '잠'에서, 파괴되면서 창조되는 반복과 반복의 낯섦이 던져놓은 잠의 파편들에 눈길을 주자. 잠이라는 시공간은 그 누구에게든 동일하게 주어진 삶의 영토이다. 호메로스가 죽음의 신인 타나토스Thanatos와 잠의 신 히프노스Hypnos를 쌍둥이 형제로 묘사한 이래 죽음은 영원한 '잠'으로 여겨져 왔고 문학과 예술에서 익숙한 상징으로 자주 사용되어 왔다. 죽음과 잠의 유사성은 현실 세계를 장악하고 있는 신체 감각과 의식의 상실에 기반한다. 신체 감각과 의식의 중단은 쇼펜하우어의 말에 따르면 삶의 본질을 이루는 욕망과 욕구, 고통과 일정한 상황에서 발현되는 판단과 의지가 일시적으로 약화되거나 정지된 것을 말한다. 이것이 잠을 회복과 휴식과 평화의 의미로 해석하는 이유였다. 그런데 잠을 자며 우리는 과연 평화로운가? 회복되는가? 확실히 강정 시인은 이번 시집에서 '잠'의 신화적이고 고전적인 의미와 일정한 거리를 둔다. 평화와 회복이라기보다는 어떤 현존이 불쑥 나타나는 또 다른 삶의 장소로 '잠'이 경험되기 때문이다.

그의 시 속 '잠'에서 죽음이 연상되지 않는 것은 아니다. 그러나 시인이 시 속에서 말하는 '죽음'은 고요하고 영원한 어둠과 단절의 상태에 머물러 있지 않다. 오히려 시인에게 매일 밤 새롭게 열리는 '잠'이라는 장소에서는 비범하게 그리고 느닷없이 우리에게 돌진하거나 기묘하게 서 있는 낯선 것, 날 선 것들이 숨쉬고 날뛰며 현실보다 더 현실 같은 감각과 선명한 의식이 충돌한다. "침대에 가만히 누워 눈 속에 밤을 담았다/ 네모난 얼굴 같은 게 둥둥 떠다닌다"(「잠자는 상자」). 네모난 얼굴 같은 것은 "부직포처럼 뜯겨 나간 얼굴"(「잠자는 상자」)의 형태로 그의 잠 속을 달처럼 비춘다. 그런 점에서 강정의 시에서 '잠'은 마르크 오제가 말한 현대 도시의 익명성과 기능만 남아 있는 비장소의 대척점에 있는 장소성의 의미를 획득한다. 매일 밤 맞게 되는 '잠'이라는 장소에서 그는 그가 경험했던 모든 관계와 기억들이 새로운 관계를 맺고 타자 혹은 자기 자신과 더욱 내밀해지기 때문이다. 고유성과 정체성이 불규칙하게 그러나 무한히 분출되는 '잠'의 세계는 그의 시에서 이런 식으로 펼쳐진다.

눈을 감고 눈 안쪽의 커다란 구멍을 보았다. 오래전 누가 살다 간 동굴 같구나. 불을 피운 흔적과 뜯어먹은 짐승들의 해골 속에 집을 짓는 거미들, 오래 눈 감고 있을수록 눈 안쪽이 더 밝아졌다. 다시 눈을 뜨면 세상은 아마 눈 속보다 더 검은 어둠일 것이나, 여태 듣지 못한 거미의 노래와 부르짖지 못한 누군가의 이름이 커다란 산줄기 능선마다 매화처럼 빛나고 천둥처럼 흘러내릴 터. 문득 꼿꼿이 선 나무 작대기 하나에 동그란 물체가 보였다. 감은 눈 바깥에서 부라리고 있을 내 살아있는 눈인가, 닫혀버린 꺼풀 안쪽에서 침묵으로 응결된 빛의 누깔인가. 아무려나 좋았다. 아무려나 무언가의 죽음이고 누군가의 생명이겠거니. 한낮에 태양 아래 곤두서서 빛의 장막을 벗기는 일이라면 삶도 죽음도 다 잊고서 그저 나무가 되려는 작란 말고 아무 뜻 없다. 작대기는 누구를 두드려 패 죽이거나 어느 해골의 깊은 어둠 속을 휘젓는 창과 같으니 그 끝에 대롱거리는 물체는 죽음에 바치는 보석이기도, 삶의 배면을 추궁하는 박쥐의 이빨이기도 할 것. 깊은 눈 안쪽 흐릿해진 영사막이 눈 바깥으로 뚫고 나올 기세에 온몸이 부르르 떨렸다. 가만히 눈 감고 있다는 게 이토록 온몸을 거꾸로 매다는 노역과도 같으니 다시 눈 뜬 나를 그 누가 나라 일컫거나 너라 명명할 텐가. 눈 안쪽이 더 깊어질수록 눈알이 더 부풀어 온몸에 털이 돋는 기분이다. 눈 감고 서 있는 건 기도이기도 형벌이기도 한 것인가. 척추가 흐너지며 나는 어느새 네발로 걷는다. 식도 아래 커다란 구렁에서 핏물이 들끓는다. 더 큰 소리로 세계의 적막을 기워 가능한 시선 바깥에서 세상의 눈 안쪽으로 터져나갈 일만 남았구나.

— 「죽음을 살아낸 일곱 가지 기적의 사례」 중 〈눈의 영화〉 전문

    눈의 안쪽과 바깥의 경계를 말하고 있지만, 눈의 안쪽과 바깥의 경계가 지워지다 못해 뒤섞인 세계가 영화처럼 펼쳐져 있는 시이다. 눈을 감았지만 시인은 "눈 안쪽의 커

다란 구멍"을 본다. "누가 살다 간 동굴"처럼 생활의 흔적이 남아 있는 눈의 안쪽은 "오래 눈 감고 있을수록" 더 밝아진다. 그래서 눈을 감기 전의 세상이 더 "검은 어둠"이 되는 역설을 일으킨다. 시인은 눈을 감고 본다. 그리고 갑자기 나타나 "꼿꼿이 선 나무 작대기 하나에 동그란 물체"를 발견한다. 그 물체는 눈 바깥에서 "부라리고 있을 내 살아있는 눈"인지 "(눈)꺼풀 안쪽에서 침묵으로 응결된 빛의 누깔"인지 불분명하다. 그러나 그것은 문제가 되지 않는다. 작대기 위의 물체는 "죽음에 바치는 보석이기도, 삶의 배면을 추궁하는 박쥐의 이빨이기도 할 것"이므로, 다시 말해 "무언가의 죽음이고 누군가의 생명"이므로. 시인은 각각의 세계에 내장된 질서와 상황과 감정에 휩싸일 필요를 못 느낀다. 이렇게 가시적인 것과 비가시적인 것을 구분하지 않고 시인은 그저 보이는 것을 글로 받아 적는 행위를 멈추지 않는다. 어느 한쪽에 치우치지 않고 특별한 깨우침이나 각성을 중시하지 않으면서 자연스럽게 이어지는 눈꺼풀의 안과 밖을 그저 탐색하는 것이다.

하나의 의미에 묶이지 않고 떠도는 말들의 운동 속에서 시인에게 밤이냐 낮이냐, 빛이냐 어둠이냐를 구분하는 일은 무의미하다. 다만 "가만히 눈 감고 있"는 시간 동안 점점 선명해지는 것은 "온몸을 거꾸로 매다는 노역과" 같은 괴로움과 고통의 감각이다. 이런 잠의 세계에는 평화와 휴식이 없다. 시인은 '잠'이라는 장소에서 신체적 감각과 정신적이고 정서적인 인식이 더욱 곤두선다. 그로 인해 시인에게 눈을 감는 일은 잠드는 일이 아니라 새롭게 깨어나는 일과 다르지 않다. "눈 안쪽이 더 깊어질수록 눈알이 더 부풀어 온몸에 털이 돋는 기분"을 느끼는 자는 감은 눈을 다시 떴을 때 이전과 전혀 다른 세계와 맞닥뜨린다. 눈 감기 전의 세계와 존재들은 흔적 없이 사라지고 눈을 뜨면 새로운 세계가 열린다. 거기에서 시인은 "여태 듣지 못한 거미의 노래와 부르짖지 못한 누군가의 이름이" "매화처럼" "천둥처럼" 피어오르는 것을 목도한다. 그것은 자신의 형태나 종을 바꾸는 과정이기도 한데, 눈을 감고 서 있으면 시인은 "척추가 흐너지며" "어느새 네발로 걷는다". "동공이 파헤쳐진 채" "결코 말이 되지 않는 신음으로 그림자를 뜯어먹으면서,/ 시체를 뜯어먹는 시체가 되어/ 더 큰 시체가 되어"(「좀비 콘서트」)가기도 한다. 인간과 비인간의 경계에서 살아 있지도 죽어 있지도 않은 존재로, 자신과 타자 사이의 경계를 무화시킨다. "흰빛 속에서 잠이 든 건지, 잠 속에서 흰빛이 튀어나온 건지 알 수"(「죽음을 살아낸 일곱 가지 기적의 사례 — 흰빛 소조塑造」) 없는 것처럼.

이런 식으로 시인은 '잠'이라는 거대한 도미노를 쌓고

그것을 와르르 무너뜨리듯, 눈을 감았다 뜨면서 스스로 자신을 포함한 세계를 파괴하고 다시 새롭게 생성한다. 그 과정에서 이전과 다른 존재의 얼굴이 뜯기고 진짜인지 가짜인지 모를 시간이 교차한다. 서로 충돌하는 이미지들이 무한한 차이 속에서 자유롭게 운동하며 파편화되고 알아들을 수 없는 소리를 내기도 한다. '잠'의 일회성을 감안한다면 그리고 살아 있는 동안 경험하는 '잠'의 반복성을 고려한다면 '잠'이라는 장소는 이번 시집에서 빈 기표의 성격을 드러내는 시의 은유로 읽힐 만하다. 그리고 이런 질문이 우리에게 남게 된다. 당신은 눈을 뜨고 있을 때 진정으로 깨어 있는가? 당신은 눈을 감았을 때 갑자기 어떤 세계와 어떤 누구와 마주치는가? 어떤 고통 속인가? 라고. 이런 질문 속에 매일 밤 서 있기에 시인은 "한여름일지라도 매일매일의 오늘이 가장 추운"(「전단傳單」) 것일지 모르겠다.

2

"흰빛 속에서 잠이 든 건지, 잠 속에서 흰빛이 튀어나온 건지 알 수 없다."(「죽음을 살아낸 일곱 가지 기적의 사례 — 흰빛 소조塑造」)는 걸 경험한 시인은 "달걀도 닭도 아닌 다른 것으로 향하는 힘"(「잠결에 편지를 받았습니다」)의 강력함을 모를 리 없다. 시작과 끝, 기원이나 순서 또는 위계를 따지지 않으므로 시인에게 사물이나 사람의 경계는 지워지고 의미는 모호해진다. "동사이기도 명사이기도 한 말의 껍질"(「오늘 하루의 햄릿」)을 만지작거리며 시인은 계속 질문하고 궁극적으로 "사람은 왜 사람인가"(「구름과 개」)라는 덧없는 생각으로 가득 차오른다. 시인은 이 세상이 "알아도 모르고 몰라도 다 알 듯하다"(「오랄제기랄」). 이것이 환각이나 꿈에 가까운 세계에 시인이 서 있는 이유일 것이다. 중심이 없고 근원을 알 수 없고 부서지거나 부유하는 잠재태로 있는 것들. 무규정적이어서 오히려 일정한 관념이나 의미가 개입되기 이전 사물의 고유성을 발견하게 되는 것들은 그의 시에서 언제든 변형되고 변질되며 형태나 의미를 바꿀 수 있는 가능태의 자유로움이 내장되어 있다.

 어느 넓적하고 큰 바위에 앉아 잠시 쉬었다. 산 그늘이 빛을 가로막은 눅눅하고 차가운 돌의 표면은 물렁물렁했다. 손을 대면 바로 손자국이 남아, 돌의 평생을 가로막을 듯했다. 조심스러워지는 건 돌의 여생을 걱정해서가 아니라 남겨진 손자국에서 갑자기 돌이 태어난 시점까지 소급돼 못 볼 걸 보게 될 것 같았기 때문이다.

돌에서 엉덩이를 떼고 빛을 가로막은 산 그늘 안쪽으로 물러섰다. 돌은 더 단단해 보였고 둥글넓적한 형태가 오래전 보았던 어떤 집을 닮아 보였다. 바람이 투닥투닥 돌의 맨살을 두드리다 거꾸로 휘어 잔가지처럼 눈을 찔렀다. 잠깐 눈을 감은 사이 눈 안쪽에서 바람의 형태가 명확해졌다. 풀숲에서 누가 튀어나와 장검을 휘두르는 기세. 목이 잘리지도 팔을 베이지도 않았으나 어딘가 몸의 일부가 돌 쪽으로 날아가 돌의 형태를 바꾸었다.

어느 그늘에서나 일어날 수 있는 생애의 잠재태라고나 할까. 바람이 몸의 일부를 돌에 덧댄 것이거나 돌 속의 과거가 바람 타고 날아와 시간의 척추를 후려친 것일까. 어째 주먹으로 돌을 내려쳐 깨뜨릴 수 있을 것만 같았다. 돌의 역사가 바람의 입술에서 흘러 생의 전면을 후면으로 뒤바꾼 채 산 전체의 그늘을 봄날의 이불처럼 허공에 널어 말릴 수도 있으려나.

돌 앞에 다가갔다. 빛 한 줄기가 그늘을 찢고 돌의 한가운데 박혔다. 돌의 중심이 수혈받은 자의 피부처럼 표면에서 울었다. 펄럭거리는 산 그늘 희미한 자락 끝에서 까마귀 떼가 솟아올랐다. 소나무와 참나무가 뒤엉켜 흘레하는 개들처럼 신음을 질렀다. 돌 속에서 녹슨 장검이 새순처럼 올랐다. 그걸 뽑아 들어 나무들을 갈랐다. 돌의 한가운데에서 한 여인이 울고 있었다. 한쪽 눈알이 없었다. 여인에게 칼을 건네고 산을 내려왔다. 그날 큰 산불이 나고 몇 명이나 죽었는지 그 수를 이루 헤아릴 수 없었다.

― 「호풍虎風」 전문

시에서 "돌"이라는 사물은 꿈틀대며 움직이는 마그마처럼 에너지와 가능성이 응축된 "잠재태"로 존재하고 있다. 빛이 가려진 "산 그늘" 속에서 "눅눅하고 차가운 돌의 표면은 물렁물렁"해진다. 반죽과 같이 어떤 형태로든 바뀔 수 있다. "손을 대면 손자국이 남아, 돌의 평생을 가로막을"까봐 시인은 "돌"을 조심스럽게 다룬다. 훼손하지 않고 원래 있는 그대로 물러나 바라본 "돌의 맨살"을 "바람이 투닥투닥" 두드리다. 그런데 갑자기 바람이 휜다. 바람은 시인의 눈을 "잔가지처럼" 찔러 "잠깐 눈을 감은 사이" 돌의 형태가 바뀐다. 시인의 "눈 안쪽에서 바람의 형태가 명확해"진 이후, 바람의 기세가 마치 "장검을 휘두르는" 맹수처럼 강력해 "목이 잘리지도 팔을 베이지도 않았으나 어딘가 몸의 일부가 돌 쪽으로 날아"갔기 때문이다.

이제 "돌"과 "몸의 일부"가 맹렬한 "바람"을 매개로 교통하기 시작한다. "돌의 역사가 바람의 입술에서 흘러 생의 전면을 후면으로 뒤바꾼"다. "돌의 역사"는 무엇인가. 돌은 어떤 시간과 기억을 담고 있는가. 돌의 시간과 기억은 "빛 한 줄기가 그늘을 찢고 돌 한가운데 박"히자, 돌이 "수혈받은 자의 피부처럼 표면"이 울고 그 누구에게도 말하지 못한 것들을 쏟아낸다. 수동적인 "돌"이 능동

적인 "돌"로 성격을 바꾸는 것이다. 시인은 돌의 움직임을 보며 돌의 마음을 읽어내고 돌에서 올라온 "녹슨 장검"으로 산의 나무들을 자른다. 산 그늘을 없애려고 한다. 그것은 "돌의 한가운데" 웅크려 울고 있는 "한 여인"을 구원하는 일이기 때문이다. "한쪽 눈알이 없"는 그 여인에게 돌을 "어떤 집"으로 되돌려주기 위해서이다. 여기까지 오면 "돌"은 "돌"이지만 "돌"이 아니게 된다. 어떤 존재가 튀어나올지 모르는 혼종적이고 탈경계적인 정체불명의 사물이다. 돌은 "늘 꿈틀대나 멎어 있다"(「오늘 하루의 햄릿」).

'독사'는 왜 하필 아무런 근거도 필연도 없이 내게 '독사의 노래'라는 글을 쓰게 만들었을까. 집 뒤 자그마한 산속 어디 '독사'가 숨어있을지 모른다. '독사'는 호랑이처럼 클 수도, 매미처럼 작을 수도 있다. 산새들은 '독사'의 이빨에서 천연의 노래를 학습 받아 사람의 꼴로 하늘의 비탈을 활강하는 유령들의 비밀을 토로하고, '독사'는 점점 작은 소리로 잦아들며 내 방엔 보이지 않는 허물만 남긴 채 진짜 '독사'가 되기 위해 시간을 줄줄이 꿰고는 동그란 무덤 속에 알을 슬고 있을지 모른다. 문득 '독사'의 형태가 명료해지는 것 같다. 그러나 그걸 말로 묘사하거나 그림으로 그리는 건 불가능한 일. 천둥이 친다. '독사'가 그 소릴 무슨 파형으로 감득할지에 대한 추측 말고 더 이상의 상상은 불가능하다. '독사'가 운다. 그저 울 뿐이고, 그저 '독사'일 뿐, 아무것도 명명하지 않겠다.
　—「죽음을 살아낸 일곱 가지 기적의 사례—독사의 노래」 부분

　"독사"라는 단어가 떠올랐지만, "독사의 노래"라는 글을 왜 쓰게 되었는지 "아무런 근거도 필연도 없"다고 고백하는 이 시에서, "독사"는 "하나의 소리일 뿐이다". 기호의 개념에서 기의를 완전히 상실한 채 기표로만 떠다니는 "독사"는 시에서 '아마 그럴 것이다'로 이해되는 존재이다. "독사"는 어디에든 있다. 어디에도 없을 수 있다. "'독사'는 호랑이처럼 클 수도, 매미처럼 작을 수도 있"다. 고정된 의미나 관계로 "독사"는 존재하지 않는다. "독사"는 "독사"라는 기표와 기표의 차이 속에서 서로 구별되며 의미가 지연되는 불안정하고 변덕스러우며 그저 연쇄되는 의미의 지연을 실천한다. "문득 '독사'의 형태가 명료해지는 것 같"을 때가 있을 것이다. 그러나 시인은 그것을 "말로 묘사하거나 그림으로 그리는 건 불가능한 일"이란 것을 안다. 그래서 "아무것도 명명하지 않겠다"고 선언한다. 그저 시인은 "독사"라는 소리를 낼 뿐이다. "독사"를 계속 부르는 돌림노래를 부를 뿐이다.

　강정의 시에서 볼 수 있는 사물의 궁극적 아름다움이란

이렇다. 자유롭게 운동하며 찰나의 이미지와 소리로, 형태나 성질로, 존재하다가 소멸하는 사물 또는 존재 그 자체가 매번 낯설게 우리 앞에 돌출하는 것. 이것은 다른 몸에 대한 상상이자 다른 시간에 대한 사유다. 다른 삶과 다른 죽음에 대한 노래이다. 그러므로 "종이 속으로 흐르는 물소리가 먼저인지 어떤 문장 속에 쓰인 물소리에 대한 애착이 먼저인지"(「문장의 비음琵音」)가 시인에게는 무의미하다.

3

이제 눈을 감았다 뜨는 기적을 말할 차례다. 눈을 감았다 뜨면 모든 것이 지워진다. 눈 안쪽에서 부풀었던 선명한 감각과 의식은 "안팎 없는 떠다니는 무덤"(「죽음을 살아낸 일곱 가지 기적의 사례 — 흰빛 소조塑造」)이 되어 버린다. 그렇게 우리는 "용케 살아남아(「인류새」)" 눈을 뜬다. 매일매일의 기적이다. 눈을 감았다 뜨는 과정은 강정 시인에게 시 쓰기라는 흔적을 남긴다. 강정 시인은 이렇게 말한 적이 있다. "시는 삶의 드러나지 않은 서랍 속에서 고요히 빛을 발하는 즉시 스스로 시들어 버린다. 특정 대상이나 사실의 일차적 표면만을 진실이라 외치는 언어와 일견 편협할 수 있는 자기 신념에의 과한 확증으로 틀 짜 놓은 언술로부터 시는 여러 각도로 부러 벗어난다. 어쩌면 측정할 수 없는 그 '벗어남의 각도'만이 시가 가질 수 있는 유일한 위치에너지일지 모른다"[강정, 『파충류 심장』(민음사, 2021)의 서문]고. 그렇다. 시를 쓰면서 지우는, 그가 말 한대로 '진실이라 외치는 언어와 일견 편협할 수 있는 자기 신념'을 파괴하면서 이 세상의 아무것도 파괴하지 않는 무해한 움직임이 강정의 시 쓰기이다. 그는 눈을 감았다 뜨는 일처럼 "시인 '된' 자는 시를 계속 쓴다"(강정, 『파충류 심장』의 서문)를 이행한다. 죽음 다음의 죽음을, 시로 쓰고 지우고 쓰면서 지워나간다.

누굴 죽이기 위해 활을 쏘지도 칼을 휘두르지도 않는 무사처럼, 아무것도 파괴하지 않기 위해 움직이는 벌레를 살피고, 어디에도 닿지 않으려 발을 놀리며 거울 속 빛을 비추려고 주먹을 뻗는다. 차라리 거울 뒤편 어둠의 속도를 따라 더 깊은 몸속으로 글러브를 풀어놓으라. 막기 위해 피하는 것도, 상처받지 않기 위해 고개를 숙이는 것도 아니다. 말 없는 동작으로 진심을 드러내는 것. 공기를 불태우는 음악이 돼라. 누가 죽어 벗어 말린 빨래 따위를 혹시 두드리고 있는 건 아닌가 싶을 만큼 눈에는 허공만을 채우라. 주먹을 휘두를수록 상대는 안 보이고, 그 어두운 진공 속에서나 몸의 방향이 확실해지니, 이 천형의 굴레 같은 노동이 잠깐 황홀해질 때가 바로 이 순간이다. 처음엔 어떤 분노, 어떤 슬픔이 있었다. 가만있어도 온몸이 아프고, 그래서 몸을 세게 굴릴수록 몸을 내어놓은 고통이 여기까지 나를 끌고 왔으나, 여전히 타점은 희미하고 상대는 주먹을 휘두를수록 허방이다. 온몸이 물이 되어 무너져 내릴 것 같은 순간에 이르러서야 비로소 눈 떠 나를 보는 이가 있다. 모든 걸 쓰러뜨리고 종국의 종소리를 듣기 위해 기도하는 병든 사제이거나, 바로 어제까지만 해도 내일이었던 오늘을 유일무이한 하루로 건축하려고 시멘트를 등짐 지고 아슬아슬 사다리를 타던 자일 수도 있다. 원점原點이 어디든, 허방의 심부가 어디든 주먹은 오로지 스스로 얼굴이 되기 위해 둥글고 깊은 궤적 안에 내 사지를 끌어모은다. 때리는 것과 맞는 것은 고른 박자의 질서이고, 일어서고 쓰러지는 건 그 속의 웅혼한 자연이니, 나는 지금 홀로 사각 틀 속에서 더 큰 원이 되려고 싸운다. 이걸 싸움이라 일컫는 사람들의 오도誤導를 부드러운 글러브로 받아쳐 각자의 얼굴로 피차 진정한 겨룸의 거울이 그들의 생각을 깨뜨리도록.

  — 「죽음을 살아낸 일곱 가지 기적의 사례 — 무명 복서」 전문

 '무명 복서'의 섀도복싱은 강정 시인이 말한 시 쓰기의 과정을 연상시킨다. 능수능란한 복서의 발놀림처럼 시인 특유의 유려한 말놀림이 먼저 눈에 들어오기도 한다. '복

서'는 "누굴 죽이기 위해 활을 쏘지도 칼을 휘두르지도 않는 무사"로 비유된다. 복서가 주먹을 뻗는 이유는 "아무것도 파괴하지 않기 위해"서이고 "어디에도 닿지 않으려" 하기 위함이다. 다시 말해 "막기 위해 피하는 것도, 상처받지 않기 위해 고개를 숙이는 것도 아니다." 혼자 허공을 상대로 연습하는 동작은 어찌 보면 무의미하고 무가치해 보이다 못해 우스꽝스러워 보일 수 있다. 그러나 복서는 이 "허공"을 향한 펀치와 움직임을 놓지 않는다. 그것은 처음에 상대를 두고 던지는 "어떤 분노, 어떤 슬픔"이었다. 자기 자신을 향한 "분노"와 "슬픔"이었을지도 모른다. 그런 감정 속에서는 "주먹을 휘두를수록 허방"이고 "타점은 희미"해진다. 그러나 "주먹을 휘두를수록" 상대를 향했던 처음의 상처와 그로 인한 감정의 부스러기들이 점차 흐려진다. 그 후에 남는 것은 "말 없는 동작"뿐이다. "허공"을 두드리는 '주먹'의 움직임이다. 그것은 복서에게 "천형의 굴레 같은 노동"과 같이 그를 고통과 괴로움 속에 머물게 한다. 그런데 "온몸이 물이 되어 무너져 내릴 것 같은" 그 긴 고통 속을 통과해내면, 육체적이고 정신적인 고통과 괴로움이 잠깐 "황홀해질 때"가 있다. 그때 "상대는 안 보이고, 그 어두운 진공 속에서" 복서는 "몸의 방향이 확실해지"는 것을 느낀다.

 이 과정은 "비로소 눈 떠 나를 보는 이"의 존재를 발견하게 만든다. 고통의 최정점에서 복서를 바라보는 이는 "모든 걸 쓰러뜨리고 종국의 종소리를 듣기 위해 기도하는 병든 사제이거나, 바로 어제까지만 해도 내일이었던 오늘을 유일무이한 하루로 건축하려고 시멘트를 등짐 지고 아슬아슬 사다리를 타던 자일 수도 있다." 병든 사제든, 시멘트를 등짐 지고 사다리를 타던 자든, 그 어떤 누구든 복서를 바라보는 이는 타자화된 복서가 되어버리고 만다. "갈기갈기 찢을수록 타인이 되는 내 몸"(「무용 소녀 예립이의 천방지축 발레 노트」)을 발견한 자는 "진심"은 "말 없는 동작으로" 드러난다는 것을 절실하게 안다. 그리고 그 "진심"이 "오로지 스스로 얼굴이 되기 위해 깊은 궤적 안에 내 사지를 끌어모은" "주먹"이라는 것을 안다.

실체가 없는 것과 싸우는 일은 자기 자신과 싸우는 일이다. "나를 보고 기절한 건 나 자신이었다/ 나는 쓰러져 있는 그의 몸속으로 물길 되어 스몄다/ 그것의 이름으로 다시 그것의 다른 그것이 되기"(「그것의 다른 이름은 그것」) 위해 강정 시인은 자기 내면의 불안과 두려움, 상처와 고통을 온몸으로 받아 안으면서 "때리는 것과 맞는 것"을 "고른 박자의 질서"로 이해한 자이다. 그리고 그것을 반대로 말하고 노래할 수 있는 자이다. 때리는 것이 때리는 것이 아니고 맞는 것이 맞는 것이 아니라는 이 역설의 질서, 리듬의 "소삭"(「무용 소녀 예립이의 천방지축 발레 노트」)거림을 잘 알기 때문이다. 그러므로 이 시의 "나는 지금 홀로 사각 틀 속에서 더 큰 원이 되려고 싸운다."는 전언은 단순히 '무명 복서'의 다짐에 그치지 않는다. 이 말은 강정 시인의 말대로 시인 '된' 자의 시를 쓰는 행위의 본질에 더 가깝다. '특정 대상이나 사실의 일차적 표면만을 진실이라 외치는 언어와 일견 편협할 수 있는 자기 신념에의 과한 확증으로 틀 짜 놓은 언술'이라는 "사각의 틀" 안에서 "거울 속 빛을 비추려고", "더 큰 원이 되기 위해" 시를 쓰면서 곧바로 지우는 시를 쓰고 있으므로. 시인에게 이미 눈을 감았다 뜨는 수많은 밤이 있었고 잠이 있었고 잠결의 말을 받아적는 일이 앞으로 계속될 것이므로. 그것이 "시인 '된' 자"가 짊어진 시 쓰기 노동의 황홀이므로. 끝

달아실시선 101

기적

1판 1쇄 발행	2025년 10월 10일
지은이	강정
발행인	윤미소
발행처	(주)달아실출판사
책임편집	박제영
기획위원	박정대, 이홍섭, 전윤호
편집위원	김선순, 이나래
디자인	전부다
법률자문	김용진, 이종진
주소	강원도 춘천시 춘천로 257, 2층
전화	033-241-7661
팩스	033-241-7662
이메일	dalasilmoongo@naver.com
출판등록	2016년 12월 30일 제494호

ⓒ 강정, 2025
ISBN 979-11-7207-073-1 03810

이 책의 일부 또는 전부를 재사용하려면 반드시 저작권자와 (주)달아실출판사 양측의 동의를 얻어야 합니다.

* 잘못된 책은 구입한 곳에서 바꿔드립니다.
* 책값은 뒤표지에 표시되어 있습니다.